온몸에 나 있는
털도 피부래.

글 장기화

1970년 서울에서 태어나 부산에서 자랐습니다.
부산 경성대학교에서 물리학을 공부했고
1992년 용연문학상 희곡 부문에 입상하였습니다.
지금은 어린이들에게 글쓰기를 가르치면서
좋은 동화책을 쓰기 위해 노력하고 있습니다.

그림 김희영

서울에서 태어나 홍익대학교에서 회화를 공부했습니다.
대학을 다닐 때 영어 연수를 위해 호주에 갔다가
멋진 그림책들을 보면서 그림책 작가가 되기로
결심한 이후로 그림책 만드는 일을 하고 있습니다.
그동안 <임금님의 사과나무>, <얼음구름> 등의
책에 그림을 그렸으며, 어린이들을 위해 재미난 책을
만들려고 노력하고 있습니다.

감수 박시룡

경희대학교 생물학과를 졸업하고 독일 본대학교에서
동물행동학을 전공하여 박사 학위를 받았습니다.
한국교원대학교 생물교육과 교수, 황새복원연구센터
소장을 지냈습니다.
지은 책으로 <와우! 우리들의 동물친구>,
<동물행동학의 이해> 등이 있고,
옮긴 책으로는 <딱새를 속여 번식하는 뻐꾸기>,
<진딧물을 길들이는 붉은개미> 등이 있습니다.
KBS <동물의 세계>, <동물의 왕국>의 감수도 맡고 있습니다.

우리 몸 · 피부와 촉각 **04 피부야, 고마워!**

장기화 글 · 김희영 그림 · 박시룡 감수
펴낸곳 (주)아람키즈 | 펴낸이 이소영 | 주소 서울특별시 성동구 성수이로 147, 아이에스비즈타워 2F
고객센터 1644-4521 | 팩스 02-468-5548 | 홈페이지 www.aramkids.co.kr | 출판등록 제2020-000011호
기획 · 편집 · 디자인 (주)아람키즈 하늘땅
ISBN 979-11-6543-513-4 979-11-6543-574-5(세트)

- 눈을 편안하게 해 주는 친환경 식물성 원료인 콩기름 잉크로 인쇄하였습니다.

⚠ 책 모서리가 날카로워 다칠 수 있으니 사람을 향해 던지거나 떨어뜨리지 마십시오.
⚠ 종이에 베이거나 긁힐 수 있으므로 주의해 주십시오.

피부야, 고마워!

장기화 글 · 김희영 그림 · 박시룡 감수

아람키즈

우리 몸은 **피부**로 덮여 있어.
피부색은 사람마다 달라.
피부가 흰 사람도 있고
까무잡잡한* 사람도 있어.
사람마다 피부색이 다른 건
원래 살던 곳이 달라서래.

피부 속에는 '멜라닌'이라는 색소가 있는데,
이 멜라닌 색소가 많을수록 피부색이 검어요.

우리 몸을 머리부터 발끝까지
감싸고 있는 피부는 어떤 일을 할까?

햇볕이 쨍쨍 뜨거운 여름에는
피부가 조금 까매졌다가

여름에는 피부 속에 있던 멜라닌 색소가 피부 위쪽으로 올라와 조금 까매져요. 햇빛 속에 있는, 몸에 해로운 자외선으로부터 피부를 지키려는 거예요.

햇볕이 적은 겨울에는

다시 하얗게 변해.

햇볕을 적당히 쬐면 피부에서 비타민 D가 만들어져요.
비타민 D는 뼈가 튼튼해지도록 도와줘요.

피부를 자세히 들여다보면
온몸에 털이 나 있어.
팔에도, 얼굴에도,
귓속에도, 콧속에도
작은 털들이 송송송.
몸에 난 **털**도 **피부**야.

귓속과 콧속에 난 털은 외부의 먼지나 세균을 걸러서 우리 몸속으로 먼지나 세균이 들어가지 못하도록 막아 줘요.

그럼 머리카락도 피부일까?
맞아, 머리카락도 피부야.

몸에 난 털은 우리 몸을 보호해 주는 일을 해요. 머리카락이 있으면 머리를 부딪혔을 때, 머리가 덜 아파요.

털이 없는 곳도 있을까?

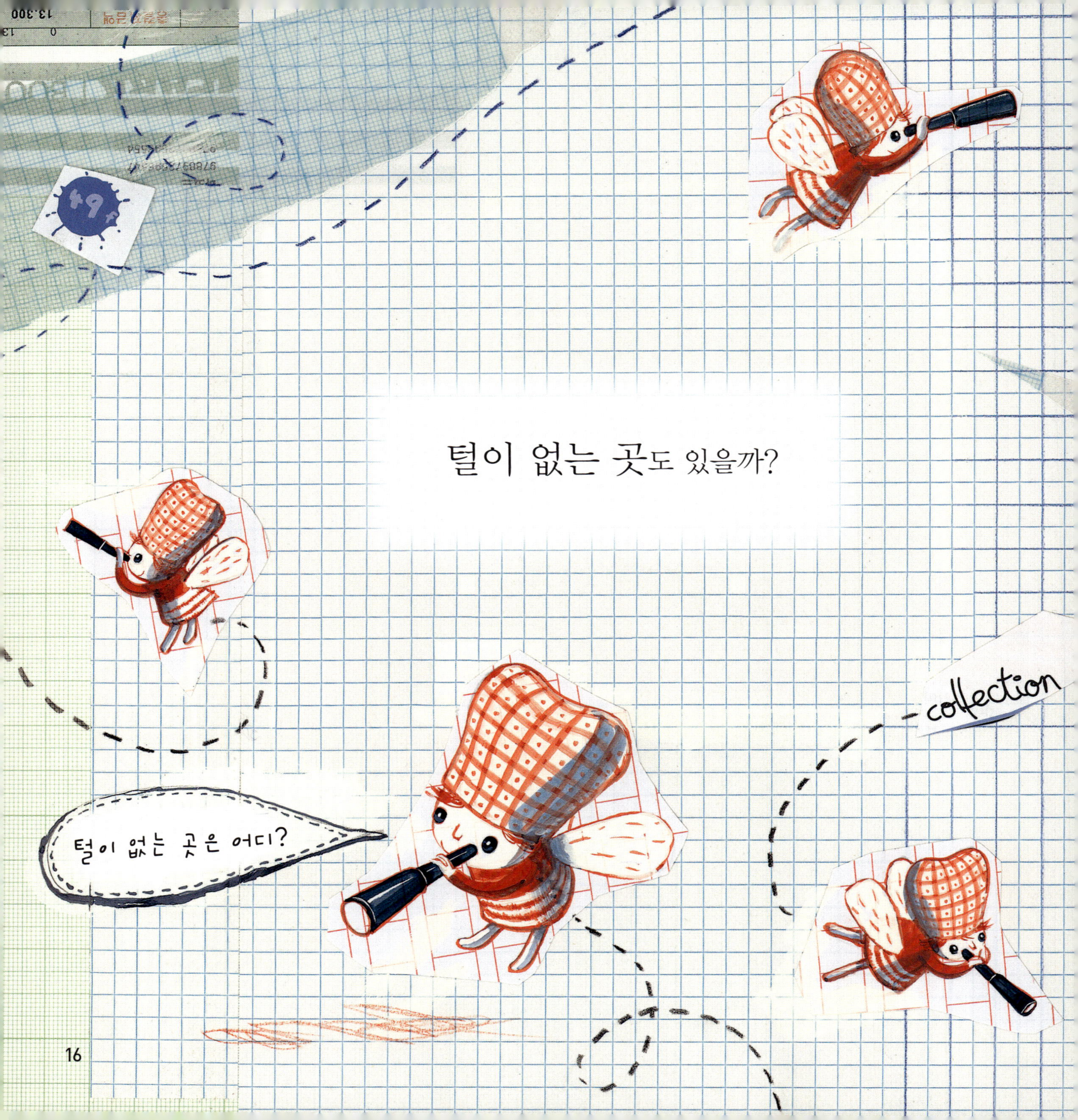

입술, 손바닥, 발바닥이야.

입술, 손바닥, 발바닥은 물체에 바로 닿는 부위라서 털이 안 나요.

입술은 주름이 많아서
늘었다 줄었다 할 수 있어.

손바닥, 발바닥은 두꺼워서
단단하거나 울퉁불퉁한 것에 닿아도 덜 아파.

딱딱한 손톱도 털이 없는 피부야.
가려운 곳을 잘 긁을 수 있고,

물건도 잘 집게 해 줘.

손톱, 발톱은 피부 끝에서 손가락, 발가락을
보호하고 힘을 줄 수 있게 도와줘요.

피부가 있어서 눈을 감아도
부드러운지 딱딱한지,
따뜻한지 차가운지 알 수 있어.

상처가 나면 따끔거리고,
공에 맞으면 얼얼하기도 해.
그리고 뜨거운 냄비라도 만졌을 땐
정말 기분 나쁜 느낌이 들지.

피부에는 감각점이라는 것이 있어서 눈을 감아도 뜨겁거나 차가운 것, 아픈 것을 알 수 있어요.

앗, 피가 흐르잖아.
하지만 걱정하지 마.
며칠이 지나면
새살이 돋을 거야.

운동을 하고 난 후에
송골송골* 땀이 맺히면
몸이 뜨거워졌다는 증거야.

땀이 나면 뜨거운 열도
몸 밖으로 빠져나가.
피부는 **몸의 온도를 조절**해 주거든.

반대로 추울 땐 땀구멍이 좁아져서
열이 나가지 못하게 해요.

우리 몸을 보호해 주는
고마운 피부,
어떻게 지킬까?

손톱, 발톱 밑에는 세균이 많아
자주 깎아야 해요.

날씨에 맞춰
옷도 잘 입어야 해.

하얀 피부, 까만 피부, 노란 피부.
긴 머리, 짧은 머리, 곱슬머리.
색깔이나 모양은 달라도
피부는 늘 우리를 지켜 줘.
피부야, 정말 고마워!

신나는 과학놀이

문제 다음 그림 중 **털이 있는 곳**을 고르세요.

① **얼굴**

② **입술**

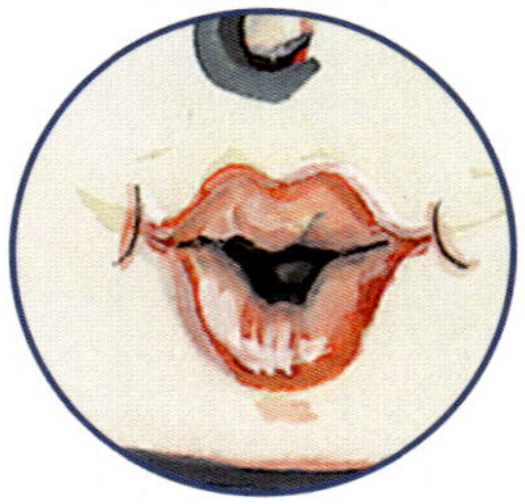

③ **손바닥**

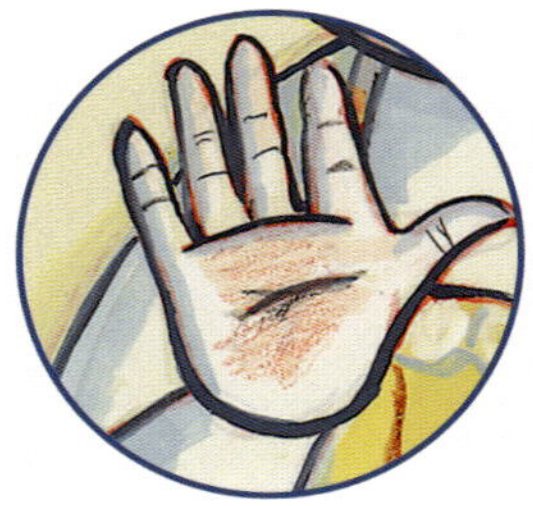

④ **발바닥**

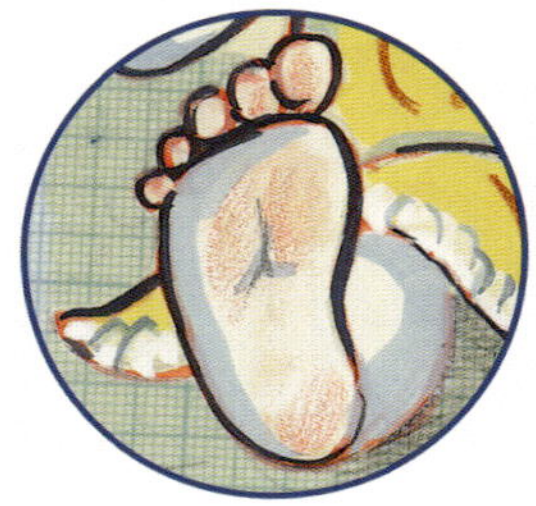

정답은? ① ② ③ ④

문제 다음 중 **틀린 말**을 고르세요.

①

②

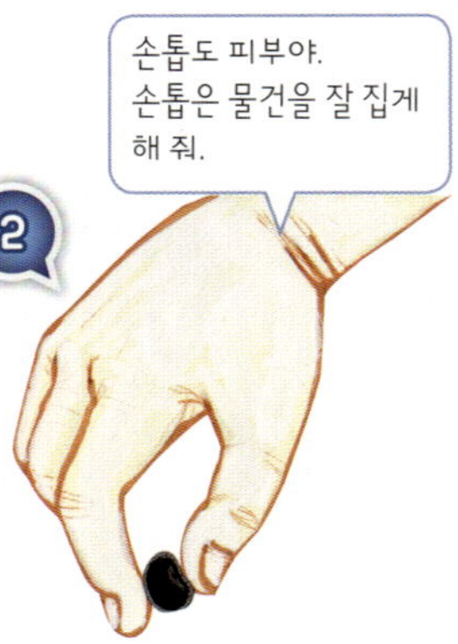

③

④

정답은? ① ② ③ ④

정답: 1, 3